BEI GRIN MACHT SICH IHR WISSEN BEZAHLT

- Wir veröffentlichen Ihre Hausarbeit, Bachelor- und Masterarbeit

- Ihr eigenes eBook und Buch - weltweit in allen wichtigen Shops

- Verdienen Sie an jedem Verkauf

Jetzt bei www.GRIN.com hochladen und kostenlos publizieren

GRIN

Bibliografische Information der Deutschen Nationalbibliothek:

Die Deutsche Bibliothek verzeichnet diese Publikation in der Deutschen National-
bibliografie; detaillierte bibliografische Daten sind im Internet über http://dnb.d-
nb.de/ abrufbar.

Dieses Werk sowie alle darin enthaltenen einzelnen Beiträge und Abbildungen
sind urheberrechtlich geschützt. Jede Verwertung, die nicht ausdrücklich vom
Urheberrechtsschutz zugelassen ist, bedarf der vorherigen Zustimmung des Verla-
ges. Das gilt insbesondere für Vervielfältigungen, Bearbeitungen, Übersetzungen,
Mikroverfilmungen, Auswertungen durch Datenbanken und für die Einspeicherung
und Verarbeitung in elektronische Systeme. Alle Rechte, auch die des auszugsweisen
Nachdrucks, der fotomechanischen Wiedergabe (einschließlich Mikrokopie) sowie
der Auswertung durch Datenbanken oder ähnliche Einrichtungen, vorbehalten.

Impressum:

Copyright © 2016 GRIN Verlag, Open Publishing GmbH
Druck und Bindung: Books on Demand GmbH, Norderstedt Germany
ISBN: 9783668543089

Dieses Buch bei GRIN:

http://www.grin.com/de/e-book/374422/trainingsplanung-beweglichkeits-und-
koordinationstraining-fuer-eine-rentnerin

Anonym

Trainingsplanung Beweglichkeits- und Koordinationstraining für eine Rentnerin

GRIN Verlag

GRIN - Your knowledge has value

Der GRIN Verlag publiziert seit 1998 wissenschaftliche Arbeiten von Studenten, Hochschullehrern und anderen Akademikern als eBook und gedrucktes Buch. Die Verlagswebsite www.grin.com ist die ideale Plattform zur Veröffentlichung von Hausarbeiten, Abschlussarbeiten, wissenschaftlichen Aufsätzen, Dissertationen und Fachbüchern.

Besuchen Sie uns im Internet:

http://www.grin.com/

http://www.facebook.com/grincom

http://www.twitter.com/grin_com

Deutsche Hochschule für
Prävention und Gesundheitsmanagement
Hermann Neuberger Sportschule 3
66123 Saarbrücken

Einsendeaufgabe

Fachmodul:	Trainingslehre III
Studiengang:	Fitnessökonomie
Datum Präsenzphase:	07.11.-09.11.2016
Studienort:	**Berlin**
Semester:	**WS 2014**

Inhaltsverzeichnis

1 Personendaten

Tab. 1: Personendaten und Gesundheitszustand der Testperson

Allgemeine Personendaten	
Alter	68 Jahre
Geschlecht	weiblich
Körpergröße	170 cm
Körpergewicht	72 kg
Trainingsmotiv	Belastbarkeit im Alltag, Sturzprophylaxe
Berufliche Tätigkeit	Rentnerin
Aktuelle und frühere sportliche Aktivitäten	Früher: Leichtathletik 3x 1,5 h/ Woche (vor 50 Jahren)
	Aktuell: Moderates Krafttraining 1x 1h/ Woche
	Leichtes Ausdauertraining 1x 1h/ Woche
Zeitlicher Verfügungsrahmen	Insgesamt 3 Stunden pro Woche (3x 1h)
Allgemeiner Gesundheitszustand	
Orthopädische Probleme	Keine
Internistische Probleme	Keine
Ärztliche Behandlungen	Keine
Einnahme von Medikamenten	Keine
Belastbarkeit/Trainierbarkeit	Volle Belastbarkeit, Leistungsstufe: Beginner

2 Beweglichkeitssteuerung

Beweglichkeitstest Brustmuskulatur (M. pectoralis major):

- Rückenlage auf Liege

- Beine angewinkelt, Becken fixiert

- Fixierung des Oberkörpers mit dem Unterarm am Brustbein durch den Tester

- Lösen des Beckens oder Lendenwirbelsäule sind zu vermeiden

- Schultergelenk frei an der Außenkante der Liege beweglich, Arm zur Seite abduziert und nach außen rotiert

- Ellenbogen im 90 Grad Winkel

- Zielstellung: Arm soll die Horizontale erreichen, ohne dass der Oberkörper sich von der Liege löst

Richtwerte:

- Stufe 0: Oberarm auf Horizontale oder darunter, volle Beweglichkeitstraining
- Stufe 1: Oberarm erreicht nicht die Horizontale, nur mit Druck durch Tester
- Stufe 2: Oberarm erreicht nicht die Horizontale, auch nicht mit Druck

Beweglichkeitstest Hüftbeugemuskulatur: (M. iliopsoas)

- Rückenlage auf Liege, Beine hängen über
- Person zieht ein Bein vollständig angewinkelt Richtung Brust
- Lösen des Beckens oder Lendenwirbelsäule sind zu vermeiden
- der Winkel des überhängenden Beins zur Liege wird bewertet

Richtwerte:

Stufe 0: Oberschenkel erreicht die Horizontale

Stufe 1: Oberschenkel erreicht nicht die Horizontale (Hüfte leicht gebeugt), jedoch mit Druck durch den Tester nach unten

Stufe 2: Oberschenkel erreicht nicht die Horizontale, auch nicht mit Druck

Beweglichkeittest Kniestreckmuskulatur: (M. rectus femoris)

- Rückenlage auf Liege, Beine hängen über
- Person zieht ein Bein vollständig angewinkelt Richtung Brust
- überhängendes Bein wird nach unten gedrückt
- Lösen des Beckens oder Lendenwirbelsäule sind zu vermeiden
- das Knie wird maximal gebeugt, Beugewinkel wird bewertet

Richtwerte:

Stufe 0: Unterschenkel hängt senkrecht herab

Stufe 1: Unterschenkel leicht gestreckt, durch Druck in die Vertikale möglich

Stufe 2: Unterschenkel stärker gestreckt, auch durch Druck Vertikale nicht möglich

Beweglichkeitstest Kniebeugemuskulatur: (M. ischiocurales)

- Rückenlage auf Liege, Streckung des zu testenden Beins, das andere angewinkelt
- Lösen des Beckens oder Lendenwirbelsäule sind zu vermeiden
- Testbein in die maximale Hüftflexion bringen

Richtwerte:

Stufe 0: Bein im Hüftgelenk auf 90 Grad angewinkelt

Stufe 1: Bein etwa 80-90 Grad angewinkelt

Stufe 2: Bein unter 80 Grad angewinkelt

Beweglichkeitstest Wadenmuskulatur: (M. triceps surae)

- Rückenlage auf Liege

- Streckung des zu testenden Beins, das andere angewinkelt

- Tester hält das Testbein mit einer Hand an der Ferse bzw. am Fersenbein, die andere Hand greift die Fußaußenkante mit Daumen am äußeren Vorfuß

- maximale Dorsalextension wird getestet

Richtwerte:

Stufe 0: Dorsalextension zur 0 Grad Stellung

Stufe 1: Dorsalextension ist möglich, jedoch nicht bis 0 Grad Stellung

Stufe 2: Dorsalextension nur bis 10 Grad unterhalb der 0 Grad Stellung möglich

Tab. 2: Testauswertung des manuellen Beweglichkeitstests

Muskelgruppe	Testwert links	Testwert rechts
M. pectoralis major	Stufe: 1	Stufe: 1
M. iliopsoas	Stufe: 1	Stufe: 1
M. rectus femoris	Stufe: 0	Stufe: 0
M. ischiocurales	Stufe: 1	Stufe: 1
M. triceps surae	Stufe: 0	Stufe: 0

Die Testperson verfügt über keine starken Einschränkungen der Beweglichkeit. Knie-streck- und Wadenmuskulatur sind voll beweglich. In Brust-, Hüftbeuge-, sowie Knie-beugemuskulatur wurde leichte Beweglichkeitsdefizite festgestellt.

Ein möglicher Grund für das Defizit in besagter Muskulatur könnte einseitige Bewe-gungsmuster, wie z.B. langes Sitzen sein.

3 Trainingsplanung Beweglichkeitstraining

1. Übung: Kopf zur Seite neigen

Zielmuskulatur: M. trapezius (pars decendens)

Durchführung:

- aufrechten Stand einnehmen, Schultern locker lassen

- Kopf zur Seite neigen und gegenüberliegende Schulter aktiv nach unten ziehen

- mit der Hand den Kopf sanft in die Neigung ziehen

Dehnmethode: passiv-statisch

2. Übung: Stehende Seitbeuge

Zielmuskulatur: M. latissimus dorsi, M. trapezius, M. deltoideus, M. obliquus externus abdominis

Durchführung:

- gerader Stand, Füße überkreuzt, vorderer Fuß zeigt leicht in Richtung der Seitbeuge
- Arm auf der Seite des hinteren Fußes nach oben getreckt
- Oberkörper wird zur Seite geneigt, während die Hüfte in die andere Richtung schiebt

Dehnmethode: aktiv-statisch

3. Übung: Katzenbuckel

Zielmuskulatur: M. erector spinae

Durchführung:

- Vierfüßlerstand, Hände unter den Schultergelenken
- Rücken vorsichtig in ein geführtes Hohlkreuz
- Rücken anschließend rund machen, Kinn zur Brust ziehen
- Spannung kurz halten und im Wechsel fortführen

Dehnmethode: aktiv-dynamisch

4. Übung: Brust dehnen an der Wand

Zielmuskulatur: M. pectoralis major

Durchführung:

- Schrittstellung parallel zur Wand, gebeugtes Knie Richtung Wand
- Arm auf Wandseite ist die zu dehnende Seite
- Ellenbogen bis auf Schulterhöhe heben und 90 Grad gebeugt
- Unterarm an die Wand lehnen und Oberkörper sowie Becken von der Wand wegdrehen

Dehnmethode: passiv-statisch

5. Übung: Liegende Dehnung Glutealmuskulatur

Zielmuskulatur: M. gluteus medius, M. obliquus internus abdominis, M. obliquus externis, M. transversus abdominis

Durchführung:

- Rückenlage, das Bein der zu dehnenden Seite angewinkelt, Schulterblätter am Boden
- angewinkeltes Bein mit der gegenüberliegenden Hand über das gestreckte Bein zum Boden ziehen

Dehnmethode: passiv-statisch

6. Übung: Prinzenstand

Zielmuskulatur: M. iliopsoas

Durchführung:

- Ausfallschritt zurück mit dem Bein der zu dehnenden Seite, Knie auf Matte abgelegt
- Hüfte parallel ausgerichtet nach vorne schieben
- Hände locker auf dem Knie abgestützt
- zur Verstärkung diagonalen Arm gestreckt über den Kopf Richtung Decke führen und den Oberkörper zur Seite des vorderen Knies neigen

Dehnmethode: passiv-statisch

7. Übung: Prinzenstand mit Ferse zum Gesäß

Zielmuskulatur: M. rectus femoris

Durchführung:

- oben beschriebene Durchführung des Prinzenstand
- eine Hand am Boden oder an der Wand abstützen zum Gleichgewicht halten, ggf, Hilfestellung vom Partner
- Hand auf der Seite des hinteren Beins greift die Ferse und zieht sie zum Gesäß

Dehnmethode: passiv-statisch

8. Übung: Maximale Hüftflexion bei gestrecktem Bein

Zielmuskulatur: M. ischiocurales, M. biceps femoris, M. semitendinosus, M. semimembranosus

Durchführung:

- Rückenlage, beide Beide parallel gestreckt auf der Matte
- Trainingspartner hebt das zu dehnende Bein gestreckt an und schiebt es sanft bis auf 90 Grad (bzw. bis zur leichten Dehnung)
- statische Dehnung auf dieser Position
- isometrische Kontraktion für ca. 10 Sekunden gegen die Spannungsquelle
- Entspannung für ca. 3 Sekunden
- erneutes Einnehmen der Dehnposition, für ca. 20 Sekunden statisch halten
- Dehnung und Kontraktion im Wechsel

Dehnmethode: postisometrisch

9. Übung: Sitzende Adduktoren-Dehnung

Zielmuskulatur: M. adductor longus, M. adductor brevis, M. adductor magnus, M. pectineus

Durchführung:

- aufrechter Sitz vor den Sitzhöckern, Vermeidung eines Rundrückens
- Fußsohlen beider Füße aneinander drücken
- Knie werden unter Zuhilfenahme der Hände oder Ellenbogen mit weichen federnden Bewegungen leicht nach unten gedrückt

Dehnmethode: passiv-dynamisch

10. Übung: Ausfallschritt Waden-Dehnung

Zielmuskulatur: M. gastrocnemius

Durchführung:

- Ausfallschritt, Länge der Schrittstellung variiert nach Dehnungsreiz
- beide Füße nach vorne ausgerichtet, vorderes Bein leicht angewinkelt, Knie nach vorne schieben
- Körpergewicht nach vorne verlagert
- hintere Ferse fest in den Boden drücken

Dehnmethode: aktiv-statisch

Das Belastungsgefüge für das Dehnprogramm sollte sowohl an den zeitlichen Verfügungsrahmen als auch die Erfahrungsstufe der Testperson angepasst werden. Ziel der Dehnübungen soll es sein, die Belastbarkeit einer älteren Person im Alltag zu fördern und die Beweglichkeitsdefizite, die aus den Tests hervorgingen, zu beheben. Daher wurde trotz einiger Schwachpunkte ein ganzheitliches Übungsprogramm unter Einbezug aller wichtigen Muskel-Gelenk-Systeme zusammengestellt.

Angedacht ist eine halbstündige Einheit pro Woche, es sollen zwei Sätze pro Übung durchgeführt werden mit einer Dehndauer von jeweils 30 Sekunden.

Die Angaben über die Reizdauer variieren zwischen fünf Sekunden und zwei Minuten, empfohlen werden 15–90 Sekunden. Ebenso ungenau sind die Aussagen über die Anzahl der Wiederholungen, sie schwanken zwischen 3- und 10-mal. (Lindel, 2006, S. 31). Andere Meinungen geben an, dass im Prinzip vier Dehnübungen über 10 Sekunden genügen, um einen wirksamen Effekt zu erreichen, mehr Wiederholungen seien kaum wirksamer (Glück, 2004; zitiert nach Hottenrott & Neumann, 2010, S. 194).

Somit wurde eine Dauer gewählt, die einen Kompromiss aus den verschiedenen Angaben der aktuellen Fachliteratur darstellt.

Empfohlen wird eine submaximale Intensität, bei der das Spannungsgefühl in der Muskulatur deutlich zu spüren ist, jedoch über mehrere Sekunden ertragen werden kann. Von einer höheren Intensität sind aufgrund der Leistungsstufe und des Trainingsziels abzusehen.

Insgesamt sollte das Dehntraining in Kombination mit dem nachfolgend erläuterten Koordinationstraining als separate Trainingseinheit (zusätzlich zu dem aktuellen Krafttraining und dem Ausdauertraining von jeweils einer Stunde/Woche) durchgeführt werden.

Aufgrund der vielseitigen sensorischen Rückmeldungen soll das Eigendehnen (aktiv) wirksamer als das Fremddehnen (passiv) sein (Wydra, Bös & Karisch, 1991; zitiert nach Hottenrott & Neumann, 2010, S. 195). Daher wurde nur eine Dehnübung mit postisometrischer Dehnmethode mit dem Partner gewählt.

Der positive Einfluss auf die Gangsicherheit bei älteren Personen passt in das Konzept zur Sturzprophylaxe, welches mit dem Dehnungs- und Koordinationstraining erzielt werden soll. „Static stretching of the hip flexors and extensors may also improve gait in older adults" (Rodacki, Souza, Ugrinowitsch, Cristopoliski & Fowler; zitiert nach Page, 2012, S. 114). Diese stellt im Rahmen des übergeordneten Trainingsmotivs der Belastbarkeit im Alltag ein Teilziel dar.

Das passive Dehnen erfolgt ohne Aktivität der Antagonisten und wird meistens mit Partnerhilfe ausgeführt. Bei den aktiv-statischen Dehnungsübungen kontrahieren sich die Antagonisten der zu dehnenden Muskeln (Agonisten) maximal isometrisch. Somit begründen Hottenrott und Neumann (2010) den Vorteil der aktiven Dehnübungen, welche zur Kräftigung der Antagonisten beitragen. Fraglich ist jedoch, ob die Kraft der Antagonisten, gerade bei einer strukturellen Verkürzung des Agonisten, ausreichend ist und tatsächlich eine Dehnung bewirken kann (Lindel, 2006, S. 32).

Dynamisches Dehnen (auch ballistisches oder intermittierendes Dehnen) ist durch wiederholte, rhythmische Bewegungen oder wippendes Nachfedern am Bewegungsende gekennzeichnet. Vor einigen Jahren kontrovers diskutiert, erfährt es heute durchaus wieder seine Berechtigung. Der Vorwurf, dass Verletzungen provoziert werden und die Effektivität durch das Auslösen eines Dehnungsreflexes aufgehoben wird, konnte wissenschaftlich nicht belegt werden (Lindel, 2006, S. 30). Dynamisches Dehnen soll im Vergleich zu statischem Dehnen jedoch einen signifikant besseren Effekt auf die Balance haben (Chatzopoulos, Galazoulas, Patikas & Kotzamanidis, 2014, S. 403). „Maintaining balance requires fast and accurate movements of upper and lower extremities (armleg coordination). Stretch-induced changes to muscletendon unit (MTU) length and stiffness would be expected to affect the ability to react effectively to stability challenges (Behm, Bambury, Cahill & Power, 2004; zitiert nach Chatzopoulas et al., 2014, S. 403). Auch Reddy und Alahmari (2016) fanden einen signifikant positiven Effekt vom Dehnen der unteren Extremitäten auf die Balance und Senkung des Sturzrisikos (S. 389).

4 Trainingsplanung Koordinationstraining

Tab. 3: Übungsauswahl für ein Gleichgewichtstraining zur Sturzprävention für Beginner

Übung	Durchführung	Belastungsgefüge
Stehen auf Zehenspitzen	Aufrechter Stand auf Zehenspitzen mit minimal gebeugten Beinen auf dem Balance Pad	3 Sätze à 30 sek. Satzpause: 30 sek.
Stehen auf den Fersen	Aufrechter Stand auf den Fersen auf dem Balance Pad	3 Sätze à 30 sek. Satzpause: 30 sek.
Tandemstand	Aufrechter Stand am Boden mit den Füßen voreinander, die Ferse des eines Fußes berührt den Zeh des anderen	3 Sätze à 30 sek. Satzpause: 30 sek.
„Baum im Wind" (Marquandt, 2012, S. 198)	Stehen auf Zehenspitzen auf dem Balance Pad, Arme gestreckt über dem Kopf, Daumen zeigen nach hinten und von Seite zu Seite neigen	3 Sätze à 15 sek. Satzpause: 30 sek.
Einbeinstand	Einbeinstand am Boden, Standbein minimal gebeugt, anderes Bein leicht angewinkelt	3 Sätze à 30 sek./Seite Satzpause: 30 sek.
Einbeinstand Kopf drehen	Ausgangsposition Einbeinstand, Augen wieder geöffnet, dann Kopf nach rechts und links drehen, Blick folgt der Kopfbewegung	3 Sätze à 15 sek./Seite Satzpause: 30 sek.
Einbeinstand mit Ball (Marquandt, 2012, S. 197)	Einbeinstand (modifiziert am Boden ohne Balance Pad), Arme im V nach oben gespreizt, gelöstes Bein seitlich abgespreizt, Hand auf Standbeinseite hält einen Ball (1-2 kg schwer)	3 Sätze à 15 sek./Seite Satzpause: 30 sek.
Tandemgang	Gang über eine gerade,am Boden aufgezeichnete Linie, Zeh und Ferse haben bei jedem Schritt Kontakt	10 m auf Zeit
Balancieren über eine Wippe	Gang über eine Wippe mit einer Person zur Sicherheitshilfe	2 x überqueren (ohne Zeitdruck) Satzpause: 30 sek.
Laufen über rutschigen Untergrund	Gang durch ein mit Seifenwasser befeuchtetes Becken barfuß (einer Badewanne nachempfunden) mit Sicherheitshilfe	10 m (ohne Zeitdruck)

„In 1998, approximately 10,000 people over the age of 65 year died from fall-related injuries" (Lockhardt, Spaulding & Park, 2007, S. 1). Dieser Statistik zufolge besteht ein großes Potential der Verletzungsprävention im Sinne des Gleichgewichtstrainings. Der Verlust der Balance wird hierbei als einer der größten Risikofaktoren gesehen.

„The prevention of falls and the substantial morbidity associated with fall-related injuries will become increasingly important for preserving the health and independence of the older population. Fall risk has been shown to increase with reduced lower extremity flexibility" (Reddy & Alahmari, 2016, S. 390)

Hottenrott und Neumann (2010) meinen, dass durch die Bewegungsarmut die Koordinationsfähigkeit abnimmt und dementsprechend fällt nach dem 70. Lebensjahr die Bewältigung von Alltagssituationen schwerer. Damit steigt natürlich die Sturzgefahr mitsamt ihren Folgen, wie Verletzungen oder Knochenbrüchen. Zur Sturzprävention helfen altersgerechte Koordinationsübungen.

Auch die World Health Organisation (WHO) kann diese Aussagen bestätigen: „Older people are usually under the fear of falling again, being hurt or hospitalized, not being able to get up after a fall, social embarrassment, loss of independence, and having to move from their homes" (WHO, 2007, S.17). Das heißt nicht nur physische, sondern auch psychische Aspekte spielen hierbei eine Rolle.

„Exercise can improve balance, mobility and reaction time. It can increase bone mineral density of postmenopausal women and individuals aged 70 years and over" (WHO, 2007, S. 15) Durch die Verbesserung der Knochendichte kann selbst wenn es zu Stürzen kommen sollte, die Gefahr von Knochenfrakturen verringert werden.

Die Übungsdauer beträgt etwa 20-30 Minuten und das Programm sollte so oft wie möglich eingeplant werden, jedoch mindestens einmal pro Woche nach dem Dehntraining durchgeführt werden. Dabei sind die Übungen nicht nur dazu gedacht das Zentrale Nervensystem zu aktivieren, sondern auch die inter- und intramuskuläre Koordination zu fördern und die Fuß- und Unterschenkelmuskulatur zu kräftigen.

Laut Hottenrott und Neumann (2010) ist ein nachhaltiger Effekt des Koordinationstrainings auf die Ausprägung bestimmter Fähigkeiten nur durch mehrfache Wiederholung neuer oder koordinativ anspruchsvoller Übungen und durch die Erhöhung des Schwierigkeitsgrades zu erreichen. Letzteres bedeutet auch eine Erhöhung der Druckbedingungen (z.B. Zeitdruck, Präzisionsdruck, Komplexitätsdruck, Situationsdruck und Belastungsdruck). Durch die Erhöhung der Variation der Informationsaufnahme steigen Lerneffekte und Bewegungserfahrung. Von daher sind die Übungen von ihrer Belastungsdauer sowie koordinativen Fähigkeiten trotz der Einstufung als Beginner als anspruchs-voll gewählt worden.

Die Übungen bauen systematisch aufeinander auf und steigern sich unter Beachtung di-daktischer Prinzipien im Schwierigkeitsgrad von leicht zu schwer oder auch vom Einfa-chen zum Komplexen. Eine einfache Übung kann vielfältig durch erschwerte Bedingun-gen angepasst werden.

Angefangen wird im Stand auf beiden Beinen (Übung 1-4), danach wird das Gleich-gewicht im einbeinigen Stand trainiert (Übung 5-7) und zum Schluss folgen drei Übun-gen für ein Gangsicherheits-Training unter verschiedenen Einflüssen, die möglichst all-tagsnah gestaltet wurden (z.b. rutschiger Untergrund wie in einer Badewanne). Von sta-tischen Übungen folgt also ein Übergang zu dynamisches Bewegungen.

Durch Hinzunahme von Kleingeräten, wie dem Balance Pad wurden hierbei die Um-weltbedingungen verändert. Übungen, die normalerweise eher für Fortgeschrittene ge-dacht sind, wurden dafür in der Belastungsdauer von 30 Sekunden um die Hälfte redu-ziert, da die Person als Anfänger eingestuft wird.

Die Übung „Einbeinstand mit Ball" geschieht beispielsweise unter Präzisionsdruck so-wie auch Komplexitätsdruck und wird daher als schwerer eingestuft, als der einfache Einbeinstand, der nur unter Präzisionsdruck geschieht. Auch der Aspekt des Zeitdrucks wurde in der Übung „Balancierendes Laufen" berücksichtigt.

5 Literaturrecherche

Effekte des Dehnens im Hinblick auf eine Verbesserung der sportlichen Leistungsfähigkeit

Tab. 4: Wissenschaftliche Studie Nr. 1

Der Effekt von statischer Dehnung auf die Leistung bei wiederholten Sprints und Richtungswechsel (Effects of Static Stretching on Repeated Sprint and Change of Direction Performance)	
Autor/en	James R. J. Beckett, Knut T. Schneiker, Karen E. Wallman, Brian T. Dawson und Kym J. Guelfi
Publikationsjahr	2009
Versuchspersonen	-12 männliche Team-Sportler (Australian Football, Rugby und Feld-Hockey) - gesund und unverletzt - durchschnittlich 23 Jahre alt - keine körperliche Anstrengung 48 h vor den Test
Versuchsaufbau	- Testung am Ende der Wettkampf-Saison, 2 Versuche Sprint-Testung (RSA: „repeated sprint ability"), 2 Versuche Richtungswechsel Testung (CODS: „change of direction speed") im Abstand von je einer Woche - Standardisiertes Warm-up - RSA: 3 Sätze 6x20 m maximale Sprints (Joggen zurück zum Start) auf Gras-Untergrund, Satzpause 4 Minuten - CODS: 3 Sätze 6x20 m maximale Sprints (Joggen zurück zu Start, Satzpause 4 Minuten (jeweils 4m mit 100 Grad Richtungswechsel, Art Zick-Zack-Muster) - In den Satzpausen wurde entweder die Dehnung durchgeführt oder in der Kontrollgruppe nur geruht
Ergebnisse/Schlussfolgerungen	- Signifikante Tendenz zum langsameren Sprint im RSA-Test und leichte Verschlechterung des CODS-Test nach statischer Dehnung - Schlussfolgerung: Kein statisches Dehnen in Erholungspausen im Spiel, unterstreicht aktuelle Studienergebnisse

Tab. 5: Wissenschaftliche Studie Nr. 2

Der Effekt von akuter Dehnung auf die Leistung bei schnellen Richtungswechseln (The effect of acute stretching on agility performance)	
Autor	Leonard H. Van Gelder und Shari D. Bartz
Publikationsjahr	2011
Versuchspersonen	- 60 männliche Teilnehmer, davon 18 Wettkampf-Basketballer und 42 Freizeit-Basketballer - Durchschnittsalter: 20,02 Jahre - Ohne Verletzungen seit mind. 6 Monaten vor Testbeginn
Versuchsaufbau	- Randomisierte Aufteilung der Personen in 3 Gruppen: 1. Statisches Dehnen, 2. Dynamisches Dehnen, 3. Kein Dehnen (Kontroll-Gruppe) - Test für Vorher-Nachher-Vergleich: „505 agility test" (15 m Sprint-Test mit 180 Grad Drehung (hin und zurück), Messung des Richtungswechsels auf 10m mit Lichtschranke, Ziel: So wenig Verlust an Geschwindigkeit wie möglich) - Warm-up: 10 Minuten langsames Joggen (3-5 auf Borg-Skala) - danach 3 Minuten Pause, anschließend 8,5 Minuten Dehnungs-Intervention (je nach Gruppe statisch oder dynamisch) - der Gruppe ohne Dehnung wurde in der Zwischenzeit der 505 agility-Test erklärt und sie führten ihn 3 Mal mit jeweils 2-3 Minuten Pause durch, das gleiche danach mit den anderen Gruppen
Ergebnisse/Schlussfolgerungen	- Die Gruppe „Dynamisches Dehnen" hatte signifikant schnellere Zeiten, d.h. bessere Ergebnisse im „505 agility-Test" - Keine signifikanten Unterschieden zwischen den anderen Gruppen Somit wurde bewiesen, dass hier das dynamische Pre-Stretching einen größeren Effekt auf die körperliche Leistung hatte

6   Literaturverzeichnis

Beckett, J.R, Schneiker, K.T., Wallmann, K.E., Dawson, B.T. & Guelfi, K.J. (2009). Effects of static stretching on repeated sprint and change of direction performance. *Med. Sci. Sports Exerc., 41* (2), 444-450.

Chatzopoulos, D., Galazoulas, C., Patikas, D. & Kotzamanidis, C. (2014). Acute effects of static and dynamic stretching on balance, agility, reaction time and movement time. *Journal of Sports Science and Medicine, 13,* 403-409.

Hottenrott, K. & Neumann, G. (2010). *Trainingswissenschaft – Ein Lehrbuch in 14 Lektionen.* Aachen: Meyer & Meyer Verlag.

Lindel, K. (2006). Muskeldehnung - *Grundlagen, Differenzialdiagnostik, Therapeutische Dehnungen, Eigendehnungen, Sehen - Verstehen - Üben – Anwenden.* Berlin Heidelberg: Springer-Verlag

Lockhardt, T.E., Spaulding, J.M. & Park, S.H. (2007). Age-related slip avoidance strategy while walking over a known slippery floor surface. *Gait Posture, 26* (1), 142-149.

Marquandt, M. (2012). *Laufen und Laufbandanalyse – Medizinische Betreuung von Läufern.* Stuttgart: Thieme.

Page, P. (2012). Current concepts in muscle stretching for exercise and rehabilitation. *The International Journal of Sports Physical Therapy, 7* (1), 109-119.

Reddy, R.S. & Alahmari, K.A. (2016). Effect of Lower Extremity Stretching Exercises on Balance in Geriatric Population. *International Journal of Health Sciences, 10* (3), 389-395.

Van Gelder, L.H. & Bartz, S.D. (2011). The effect of acute stretching on agility performance. *Journal of Strenght and Conditioning Research, 25* (11), 3014-3021.

World Health Organisation. (2007). *WHO global report on falls prevention in older age.* Bern: World Health Organisation.

7 Tabellenverzeichnis

7.1 Tabellenverzeichnis